# Les Pyramides

## Pièces de théâtre du même auteur

*À cœurs ouverts, Alban et Ève, Amour propre et argent sale, Apéro tragique à Beaucon-les-deux-Châteaux, Appelations D'origines Non contrôlées, Après nous le déluge, Attention fragile, Avis de passage, Bed & Breakfast, Bienvenue à bord, Le Bistrot du Hasard, Le Bocal, Brèves de confinement, Brèves de trottoirs, Brèves du temps perdu, Brèves du temps qui passe, Bureaux et dépendances, Café des sports, Cartes sur table, Comme un poisson dans l'air, Le Comptoir, Les Copains d'avant... et leurs copines, Le Coucou, Comme un téléfilm de Noël en pire, Coup de foudre à Casteljarnac, Crash Zone, Crise et châtiment, De toutes les couleurs, Déjà vu, Des beaux-parents presque parfaits, Des valises sous les yeux, Dessous de table, Diagnostic réservé, Drôles d'histoires, Du pastaga dans le champagne, Échecs aux Rois, Elle et lui, monologue interactif, Erreur des pompes funèbres en votre faveur, Euro Star, Fake news de comptoir, Flagrant délire, Gay Friendly, L'Étoffe des Merveilles (adaptation) Le Gendre idéal, Happy Dogs, Happy Hour, Héritages à tous les étages, Hors-jeux interdits, Il était un petit navire, Il était une fois dans le web, Juste un instant avant la fin du monde, La Corde, La Fenêtre d'en face, La Maison de nos rêves, Le Contrat, Le Joker, Mélimélodrames, Ménage à trois, Même pas mort, Minute papillon, Miracle au couvent de Sainte Marie-Jeanne, Mortelle Saint-Sylvestre, Morts de rire, Les Naufragés du Costa Mucho, Nos pires amis, Photo de famille, Piège à cons, Le Pire Village de France, Le plus beau village de France, Plagiat, Pour de vrai et pour de rire, Préhistoires grotesques, Préliminaires, Primeurs, Quarantaine, Quatre étoiles, Les Rebelles, Rencontre sur un quai de gare, Réveillon à la morgue, Réveillon au poste, Revers de décors, Sans fleur ni couronne, Sens interdit – sans interdit, Spécial dédicace, Strip Poker, Sur un plateau, Les Touristes, Tout est bien qui commence mal, Trous de mémoire, Tueurs à gags, Un boulevard sans issue, Un bref instant d'éternité, Un cercueil pour deux, Un enterrement de vies de mariés, Un os dans les dahlias, Un mariage sur deux, Un petit meurtre sans conséquence, Un petit pas pour une femme, un pas de géant pour l'Humanité, Une soirée d'enfer, Vendredi 13, Y a-t-il un auteur dans la salle ? Y a-t-il un critique dans la salle ? Y a-t-il un pilote dans la salle ?*

JEAN-PIERRE MARTINEZ

# Les Pyramides

La Comédiathèque
*comediatheque.net*

# Distribution

Directeur

Assistante

Auteur

Actrice

*Les personnages de cette pièce symbolique étant des archétypes, leurs sexes sont plus ou moins indifférents. Ceux indiqués dans cette version sont indicatifs et peuvent être modifiés selon les contraintes ou les choix de distribution de chaque troupe.*



© La Comédiathèque
ISBN 978-2-38602-186-2

*Un hall impersonnel, avec en son centre un comptoir d'accueil. Au-dessus un tableau représentant un homme avec une longue barbe blanche pouvant être Dieu le Père ou le Père Noël. Une femme, l'assistante, debout derrière le comptoir, consulte un écran. Elle porte un uniforme militaire. Un homme, le directeur, arrive. Il porte une sorte de soutane. Les costumes, les décors et le tableau ne sont pas forcément réalistes, la pièce elle-même étant plutôt symboliste. L'ensemble du décor peut être futuriste, et figurer un lieu de culte, dont le comptoir d'accueil serait l'autel. Les spectateurs constituant alors les fidèles rassemblés pour cet étrange office. La musique participera à instaurer une atmosphère d'un fantastique un peu burlesque.*

**Directeur** – Cherche et tu trouveras... Tu parles... J'ai cherché partout et je ne l'ai pas trouvé...

**Assistante** – Je ne le vois pas non plus sur les caméras de surveillance.

**Directeur** – Pourtant, il manque bien à l'appel.

**Assistante** – Vous croyez qu'il aurait pu faire le mur ?

**Directeur** – Le mur ? Vous voulez dire les remparts ?

**Assistante** – Vous avez raison... On nous a toujours dit qu'il n'y avait rien au-delà des remparts.

**Directeur** – C'est à se demander à quoi ils servent...

**Assistante** – Et contre qui ils sont supposés nous protéger.

**Directeur** – Contre qui... ou contre quoi ?

**Assistante** – Contre quoi ?

**Directeur** – Ces remparts, c'est pour empêcher une invasion... ou une évasion ?

**Assistante** – Les deux, peut-être.

**Directeur** – Enfin, il faut bien fixer des frontières.

**Assistante** – Et des interdits.

**Directeur** – Comme on dit... passées les limites, il n'y a plus de bornes.

**Assistante** – Parfois, je me sens aussi enfermée en moi-même, comme dans un tombeau, entourée d'une muraille invisible. À l'intérieur, je suis toute puissante. Mais en dehors, je ne suis rien...

**Directeur** – Je n'y avais jamais songé dans ces termes, mais vous avez raison... Nous sommes tous emmurés vivants dans une pyramide, parcourant à tâtons un obscur labyrinthe à la recherche d'une fissure qui laisserait passer un peu de lumière.

**Assistante** – Nous sommes chacun le dieu de notre propre monde, et depuis ces meurtrières qu'on appelle les yeux, nous contemplons l'infinité des univers plus ou moins hostiles qui nous entourent. En attendant la collision accidentelle avec une autre planète... et l'ultime fatalité d'être aspirés par un trou noir.

**Directeur** – Bon... mais ça ne nous dit pas où il est passé.

**Assistante** – Si cette muraille est infranchissable, comment se fait-il qu'il ne soit plus là ?

**Directeur** – S'il a toujours été là, il n'a pas pu sortir.

**Assistante** – Et s'il n'a pas toujours été là, comment a-t-il pu entrer ?

**Directeur** – Pourtant c'est un fait. Il manque une pièce à ce gigantesque jeu d'échecs. Et cette absence pourrait faire capoter l'ensemble de la partie.

**Assistante** – Une pièce ?

**Directeur** – Une pièce maîtresse.

**Assistante** – Le roi.

**Directeur** – Le grand architecte de l'univers. Celui qui en a conçu les plans.

**Assistante** – Un seul être suprême vous manque et tout est détraqué...

**Directeur** – Mais enfin il était là, puisque c'est lui qui a construit ce mur !

**Assistante** – C'est lui, vous êtes sûr ?

**Directeur** – Ou alors après l'avoir construit, il est resté enfermé de l'autre côté.

**Assistante** – Enfermé dehors ?

**Directeur** – Vous avez raison, c'est une histoire de fous...

**Assistante** – Il pourrait donc y avoir quelque chose de l'autre côté du mur ? Quelqu'un ?

**Directeur** – Comment savoir ? Il n'y a aucune fenêtre dans ces murailles, censées nous protéger du rien qui menace de nous envahir.

**Assistante** – Aucune ouverture. Pas même un judas...

**Directeur** – Mais non, voyons... Il n'y a rien dans l'au-delà. Le monde est comme une vieille chaussette. Vous avez beau la retourner, il n'y a toujours qu'une seule façon de mettre son pied à l'intérieur.

**Assistante** – Oui... mais si la chaussette est trouée, un orteil peut toujours se faufiler à l'extérieur.

**Directeur** – Une faille dans la muraille...? Par laquelle le vide pourrait s'insinuer ?

**Assistante** – Reste à savoir qui a tricoté la chaussette...

*Un temps.*

**Directeur** – Il finira par réapparaître, comme d'habitude.

**Assistante** – Jusqu'à maintenant, c'est ce qu'il a toujours fait.

**Directeur** – Alors il n'y a plus qu'à espérer.

**Assistante** – Et à prier... Mais qui ?

**Directeur** – Allez, on y croit...

*Ils n'ont pas l'air d'y croire beaucoup mais tentent de s'en convaincre.*

**Assistante** – Je ne me souviens plus... Il était là pour quoi, exactement ?

**Directeur** – Comme tous les autres, non ? Une crise de Foi...

**Assistante** – Une crise de foie... Tiens donc... Je ne savais pas que nous traitions aussi ce genre d'affections. Enfin, les auteurs boivent toujours beaucoup, c'est connu.

**Directeur** – Ah, non, mais pas une crise de foie... Pas une cirrhose, en tout cas... Il n'y croyait plus, quoi... Il avait perdu la Foi...

**Assistante** – Ah, oui, d'accord ! Je me disais aussi. Une crise de foie... *(Un temps)* J'espère que ce n'est pas contagieux au moins...

**Directeur** – En tout cas, croyez-moi, c'est plus facile d'arrêter de boire que de recommencer à croire.

**Assistante** – Oui, la Foi, c'est comme la ligne, quand on l'a perdue, c'est très difficile de la retrouver.

**Directeur** – C'est tellement vrai, ce que vous dites. Et si bien formulé. Parfois je me demande où vous allez chercher tout ça...

*L'assistante regarde le directeur, se demandant visiblement si elle doit prendre cette remarque au premier degré ou non.*

**Assistante** – Et donc... c'était un pensionnaire.

**Directeur** – Ou un sociétaire, je ne sais plus. *(Inquiet)* Peut-être un administrateur. Ou même le directeur...

**Assistante** – Le directeur ? Je pensais que c'était vous !

**Directeur** – Je ne suis que le directeur par intérim.

**Assistante** – Ah oui, je me disais aussi...

*Il la regarde à son tour, s'interrogeant sur le sens de cette sortie.*

**Directeur** – Quoi qu'il en soit, c'est l'auteur...

**Assistante** – Oui, c'est fâcheux... Et à quoi il ressemble, exactement.

**Directeur** – Ça on ne sait pas très bien... Il y a tellement longtemps que personne ne l'a vu. Sur les portraits-robots, il a une longue barbe.

**Assistante** – Les portraits-robots ? Vous voulez dire... le grand tableau qui est accroché dans ce hall d'entrée, par exemple ?

*Ils contemplent tous les deux le tableau.*

**Directeur** – Maintenant, c'est peut-être une fausse barbe.

**Assistante** – Ou alors ce tableau est un faux, tout simplement.

**Directeur** – Un faux barbu sur un faux tableau...

**Assistante** – Ça ne nous aide pas beaucoup...

**Directeur** – Et surtout, depuis tout ce temps, il a pu la couper.

**Assistante** – La couper...?

**Directeur** – Sa fausse barbe !

**Assistante** – Avec de faux ciseaux...

**Directeur** – Ça ne va pas être facile de le reconnaître.

**Assistante** – Non...

**Directeur** – Imaginez le Père Noël sans sa barbe... Vraie ou fausse... Vous le reconnaîtriez, vous ?

**Assistante** – Mais le Père Noël, lui, il n'existe pas, on est bien d'accord ?

**Directeur** – On est bien d'accord.

*Un temps.*

**Assistante** – Vous avez regardé côté cour et côté jardin ?

**Directeur** – Côté jardin, je n'ai vu que des nains...

**Assistante** – Vous savez que maintenant, on dit plutôt des personnes de petite taille...

**Directeur** – Dans ce cas, je n'ai vu que... des personnes de petite taille de jardin.

**Assistante** – Vous voulez dire des nains de jardin ?

**Directeur** – Je vais regarder s'il ne serait pas côté cour. Sinon il faudra se résoudre à prendre des mesures plus radicales...

*Il sort côté cour. L'assistante se replonge dans la contemplation de son écran. Un homme, l'auteur, arrive. Il n'a pas de barbe. Il porte un short et une chemisette à fleurs. Il n'a pas de chaussures. L'un de ses pieds est nu et l'autre couvert d'une chaussette trouée. Il déambule dans le hall, semblant désorienté. L'assistante finit par le remarquer.*

**Assistante** – Monsieur ? Je peux vous aider ?

**Auteur** – Je ne sais plus quel jour on est... On est quel jour, exactement ?

**Assistante** – Exactement ? Nous sommes dimanche, Monsieur. Dimanche très exactement.

**Auteur** – Dimanche...? Vous êtes sûre ?

**Assistante** – Ma foi... Hier, nous étions bien dimanche, n'est-ce pas ?

**Auteur** – Mais alors dans ce cas, aujourd'hui, nous serions...

**Assistante** – Sachez, Monsieur, que dans cette noble institution c'est tous les jours dimanche...

**Auteur** – Ah, oui... *(Pour lui-même)* On doit s'y emmerder ferme, alors.

*L'auteur regarde autour de lui, désemparé.*

**Assistante** – Vous cherchez quelque chose ? Ou quelqu'un...?

**Auteur** – À vrai dire... Je ne sais plus très bien.

**Assistante** – Vous ne savez plus ce que vous cherchez ?

**Auteur** – Je ne sais même plus qui je suis ! Vous le savez, vous ?

**Assistante** – Non. Je devrais ?

**Auteur** – Donc je ne suis pas quelqu'un de connu.

**Assistante** – Ça, je ne sais pas...

**Auteur** – Si j'étais connu, vous me reconnaîtriez, non ?

**Assistante** – Il y a des gens célèbres dont on ne connaît pas le visage, vous savez.

**Auteur** – Ah, oui ? Qui, par exemple ?

**Assistante** – Je ne sais pas moi... Jésus-Christ, Napoléon, Jean-Pierre Martinez...

**Auteur** – Napoléon ?

**Assistante** – Vous croiseriez Napoléon dans la rue, vous le reconnaîtriez ?

**Auteur** – Probablement pas...

**Assistante** – Quant à Jésus-Christ, comme photo d'époque, on n'a que le Saint-Suaire. Et l'image est plutôt floue...

**Auteur** – Martinez, vous disiez... Ce nom me dit vaguement quelque chose.

**Assistante** – Je connais peut-être le vôtre.

**Auteur** – Le mien...?

**Assistante** – Votre nom ! Vous avez une pièce d'identité ?

**Auteur** – Je ne sais pas... Une pièce d'identité ? Ça sert à quoi ? À se souvenir de qui on est ?

**Assistante** – Et surtout à prouver aux autres qu'on a bien le droit d'exister.

**Auteur** – Alors quand on n'a pas de carte, on n'a pas d'identité. Et on n'a pas le droit d'exister ?

**Assistante** *(soudain autoritaire)* – Vos papiers, s'il vous plaît.

*Il fouille ses poches et en sort une carte de visite.*

**Auteur** – J'ai ça...

**Assistante** – Montrez-moi... *(Elle prend la carte que l'autre lui tend et l'examine)* Ça c'est plutôt une carte de visite...

**Auteur** – Une carte de visite... Qu'est-ce que c'est que ça, encore ?

**Assistante** – Ça, c'est pour prouver aux autres qu'en plus d'exister, vous n'êtes pas n'importe qui.

**Auteur** – Donc à votre avis, je serais quelqu'un d'important...

**Assistante** – Ça dépend de ce qui est marqué sur votre carte de visite. *(L'assistante examine la carte de visite)* Ah oui, je vois...

**Auteur** – Vous voyez quoi ?

**Assistante** *(lisant la carte)* – Dieu... Alors c'est vous !

**Auteur** – Moi ?

**Assistante** – On vous cherchait partout justement.

**Auteur** – Ah oui ?

**Assistante** – Vous nous avez fait peur, vous savez... On pensait que vous aviez définitivement disparu...

**Auteur** – C'est vous qui commencez à me faire peur. Dieu, vous êtes sûre ?

**Assistante** – En tout cas, c'est ce qui est marqué sur votre carte de visite...

**Auteur** – En général, ce sont les fous qui se prennent pour Dieu, non ?

**Assistante** – Attendez une minute... Vous vous prenez pour Dieu ? Ou vous êtes Dieu ?

**Auteur** – Ni l'un ni l'autre, je crois.

**Assistante** – Mais pourtant, c'est bien Dieu qui est inscrit sur votre carte de visite.

**Auteur** – C'est peut-être simplement mon nom.

**Assistante** – Votre nom ?

**Auteur** – Mon nom de famille ! Et c'est vous qui me prenez pour Dieu... Dans ce cas, les vrais fous, ce serait vous !

**Assistante** – Allons... Ne soyez pas si modeste... Si cet endroit était un asile d'aliénés, vous en seriez le directeur, je vous assure...

**Auteur** – Je ne sais pas si c'est vraiment rassurant...

*Le directeur revient.*

**Directeur** – Personne non plus côté cour... À part quelques fantômes d'écrivains. Et vous ?

**Assistante** – Ça y est, je l'ai retrouvé !

**Directeur** – Non ? Alors c'est vous ? On commençait à être inquiets... On vous a cherché partout !

**Auteur** – Je suis bien là, rassurez-vous... Mais il m'arrive d'avoir des absences. D'ailleurs, où sommes-nous exactement ?

**Directeur** – Où ? Mais enfin... Alors vous ne vous souvenez pas ?

**Auteur** – De quoi ?

**Directeur** – Vous vous souvenez tout de même de qui vous êtes ?

**Auteur** – Non.

**Assistante** – Mais vous êtes un auteur très célèbre !

**Auteur** – Un auteur ?

**Directeur** – Un dramaturge ! Que dis-je... Un démiurge !

**Assistante** – Si nous sommes tous ici, c'est grâce à vous !

**Directeur** – Et nous sommes tous à votre service.

**Auteur** – Célèbre... Vous voulez dire que... les gens me connaissent, alors que je ne me connais pas moi-même ?

**Assistante** – S'ils vous connaissent ? Mais ils vous portent un véritable culte ! Vous êtes leur idole ! Leur Dieu !

**Auteur** – Je ne me souviens de rien.

**Directeur** – Personne ne vous a oublié, croyez-moi.

**Auteur** – Eh bien moi, il m'arrive de m'oublier...

**Assistante** *(en aparté au directeur)* – Il n'a plus l'air d'y croire, en effet.

**Directeur** – « Connais-toi toi-même et tu connaîtras l'univers et les dieux », tu parles...

**Assistante** – Si Dieu ne se connaît pas lui-même...

**Directeur** – Je vous l'avais dit... Crise de Foi...

**Assistante** – C'est triste à voir.

**Directeur** – Et c'est surtout très dangereux.

**Assistante** – Dangereux ?

**Directeur** – Si c'est lui qui a écrit cette pièce...

**Assistante** – Quelle pièce ?

**Directeur** – Celle dans laquelle nous sommes en train de jouer !

**Assistante** – Lui ? Vous êtes sûr ?

**Directeur** – À vrai dire... Je ne suis plus sûr de rien...

**Assistante** – C'est bien ce que je craignais... Ça doit être contagieux...

**Directeur** *(à l'auteur)* – Vous ne vous souvenez pas de qui vous êtes, mais... vous vous souvenez un peu de la pièce, non ?

**Auteur** – La pièce...

**Assistante** – Pas forcément les détails de l'intrigue ou l'intégralité des dialogues mais, je ne sais pas moi... L'idée générale de l'histoire, au moins.

**Auteur** – Il y a bien longtemps que je n'ai pas eu d'idée de pièce. J'avais l'idée d'écrire mes mémoires, mais...

**Directeur** – Oui, quand on est amnésique, écrire ses mémoires...

**Auteur** – Vous croyez que ça pourrait se vendre ? Si vous dites que j'étais connu...

**Assistante** – Vendre ses mémoires alors qu'on perd la sienne...?

**Directeur** – Après tout... quelqu'un pourrait écrire son autobiographie à sa place.

**Assistante** – Un nègre, vous voulez dire ?

**Directeur** – Je crois qu'aujourd'hui on dit plutôt un écrivain fantôme. J'en ai d'ailleurs vu quelques-uns qui cherchent un emploi en coulisses...

**Assistante** – Une autobiographie écrite par un écrivain fantôme... Après tout pourquoi pas...?

**Auteur** – Mon autobiographie ? J'avoue que je serais curieux de la lire.

**Directeur** – Allez savoir, peut-être qu'en la lisant, la mémoire vous reviendra.

**Assistante** – Oui... Mais trouver un écrivain fantôme pour écrire la vie d'un auteur amnésique dans l'espoir que la mémoire lui revienne...

**Directeur** – Et qu'il puisse nous donner le texte de la pièce dans laquelle nous sommes en train de jouer...

**Assistante** – Ça risque de prendre un peu de temps...

**Directeur** – En effet.

**Assistante** – Et là... ça va bientôt partir en live, non ?

**Directeur** – Vous croyez ?

**Assistante** – Même les spectateurs n'y croient plus... Regardez !

*Le directeur et l'assistante se tournent vers le public.*

**Directeur** – Vous avez raison... Eux aussi, ils ont perdu la Foi dans ce spectacle.

**Assistante** – J'en vois même un ou deux qui roupillent. Comme le dimanche à la messe.

**Directeur** – Pour l'instant, c'est l'auteur qu'on est en train de perdre...

*Ils se tournent vers l'auteur, toujours complètement désorienté.*

**Assistante** – Dieu... Il a plutôt l'air d'un clochard, non ?

**Directeur** – Ou pire...

**Assistante** – Pire ?

**Directeur** – Un étranger en situation irrégulière.

**Assistante** – Vous ne croyez pas si bien dire... Je lui ai demandé ses papiers, il n'a qu'une carte de visite.

**Directeur** – Et si ce n'était pas vraiment l'auteur de la pièce, mais seulement un personnage, comme nous.

**Assistante** – Un personnage...?

**Directeur** – Un personnage d'auteur ! Un imposteur de plus ! Il n'est peut-être Dieu que dans cette pièce... que personne n'a encore écrite !

**Assistante** – Ah oui, je vois... Enfin, pas trop, en fait... Tout ça commence à devenir un peu confus...

**Directeur** – Je vais l'emmener à la souvenirothèque. En attendant que la mémoire lui revienne, il pourra toujours lire la biographie de quelqu'un d'autre, ça l'inspirera peut-être.

**Assistante** – Ben oui, parce que là, ça commence à urger...

**Directeur** – Venez avec moi, mon brave... Vous allez voir, la vie de certaines personnes est parfois beaucoup plus passionnante que celle de Dieu lui-même...

*Le directeur part avec l'auteur.*

*Une femme, l'actrice, arrive et s'avance vers le comptoir derrière lequel se trouve l'assistante. Elle est habillée de façon très conventionnelle, et elle a une valise à la main.*

**Assistante** – Bonjour Madame. On ne se connaît pas, je crois... Vous êtes pensionnaire de notre établissement ?

**Actrice** – Non.

**Assistante** – Je vois que vous avez une valise... Ça doit être pour une admission, alors...

**Actrice** – Vous n'auriez pas vu mon chat ?

**Assistante** – Un chat ? Ah, non, désolée. D'ailleurs, je préfère vous prévenir, les animaux ne sont pas acceptés ici.

**Actrice** – Vous n'aimez pas les chats ?

**Assistante** – Je n'ai pas dit que je n'aimais pas les chats, j'ai dit que les animaux n'étaient pas autorisés dans cet établissement.

**Actrice** – Vous savez que dans l'Égypte ancienne, les chats étaient considérés comme des animaux sacrés ?

**Assistante** – Si vous le dites...

**Actrice** – Ils protégeaient la maison contre les mauvais esprits.

**Assistante** – Je l'ignorais. Mais c'est vrai qu'encore aujourd'hui, ils protègent la maison contre les souris.

**Actrice** – Les chats étaient associés à une déesse qui avait elle-même une tête de félin. C'était la déesse du plaisir et de la fertilité.

**Assistante** – Par ailleurs, il se trouve que je suis allergique aux poils de chat...

**Actrice** – Je me suis toujours méfiée des gens qui n'aiment pas les animaux...

**Assistante** – Je n'aime pas les vieux non plus, mais rassurez-vous, ils sont tous les bienvenus dans cette maison. Que puis-je faire pour vous, chère Madame...?

**Actrice** – Je cherche mon mari.

**Assistante** – Je croyais que vous cherchiez votre chat.

**Actrice** – Traitez-moi de folle, aussi !

**Assistante** – Vous ne m'avez pas dit que vous cherchiez votre chat ?

**Actrice** – Si.

**Assistante** – Et j'imagine que votre mari n'est pas un chat.

**Actrice** – Ce serait beaucoup plus simple, croyez-moi.

**Assistante** – Plus simple ? Pour qui ?

**Actrice** – Mon mari séjourne dans cet établissement. Je viens lui rendre visite. Avec mon chat.

**Assistante** – Malheureusement, je vous le répète...

**Actrice** – Les chats ne sont pas acceptés dans cet établissement, je sais, j'ai lu le règlement avant de venir. C'est bien pour ça que j'avais mis le chat dans la valise.

**Assistante** – Un chat dans une valise ?

**Actrice** – En arrivant ici, j'ouvre la valise, et je constate que le chat s'est fait la malle.

**Assistante** – Mais enfin, Madame, qui est votre mari ?

**Actrice** – C'est un auteur de théâtre.

**Assistante** – Ah oui ?

**Actrice** – Il a quelques problèmes de mémoire en ce moment. La dernière fois que je l'ai vu, il avait l'air un peu déprimé. Je dirais même désabusé. En fait, il ne se souvient même plus qu'il est marié avec moi.

**Assistante** – Donc vous êtes venue pour vous rappeler à son bon souvenir, comme qui dirait.

**Actrice** – En fait... je ne suis pas tout à fait certaine moi non plus.

**Assistante** – Vous ne savez pas si vous êtes mariée avec lui ou non ?

**Actrice** – Je suis sûre qu'on a célébré notre mariage. Mais je ne sais plus si c'était à l'église ou sur une scène de théâtre.

**Assistante** – C'est vrai que les églises ressemblent beaucoup à des théâtres... Sauf que la pièce est toujours la même et que le spectacle n'est pas très passionnant.

**Actrice** – Je suis comédienne, vous comprenez. Dans ma vie, j'ai joué des milliers de rôles. Et arrivée à mon âge, j'ai tendance à ne plus distinguer la réalité de la fiction. Le vrai du faux...

**Assistante** – Je comprends... Moi-même...

**Actrice** *(lui coupant la parole)* – Quand j'étais jeune première, évidemment, presque toutes les pièces que j'interprétais se terminaient par un mariage. J'ai épousé plusieurs centaines d'hommes au cours de ma longue carrière. Des princes, surtout... Beaucoup de militaires... Quelques bergers... Trois pompiers... Deux informaticiens... Un tueur en série... Et même un curé !

**Assistante** – Bien, mais je ne suis pas sûre de...

**Actrice** – Je suis morte une bonne centaine de fois, aussi.

**Assistante** – Morte ?

**Actrice** – Du coup, je ne sais plus si cet homme est vraiment mon mari. Et si c'est bien mon époux, je me demande s'il n'est pas veuf.

**Assistante** – Veuf...?

*L'actrice ouvre la valise qui se trouve être vide.*

**Actrice** – Ce dont je suis absolument sûre en revanche, c'est que le chat n'est plus dans la valise...

**Assistante** – J'en suis témoin... Cette valise est aussi vide que le tombeau du Christ juste avant sa résurrection.

*Le directeur revient.*

**Directeur** – Je lui ai donné à lire la Bible. On devrait être tranquilles pour un bon moment... Bonjour Madame. On s'occupe de vous ?

**Assistante** – Justement, cette dame pense être l'épouse de l'auteur.

**Directeur** – Tiens donc... Je ne savais pas qu'il était marié... Mais vous dites qu'elle n'en est pas complètement sûre... Pourtant Madame porte bien une alliance...

**Actrice** – C'est peut-être une fausse.

**Directeur** – Une fausse ?

**Actrice** – Un accessoire de théâtre !

**Assistante** – Madame est une comédienne... à la retraite.

**Actrice** – Sachez, Mademoiselle, qu'une comédienne n'est jamais au chômage ou à la retraite. Elle est provisoirement sans emploi, et elle attend une nouvelle proposition, qui sera le rôle de sa vie.

**Directeur** – Vous avez raison, chère Madame. L'important, c'est d'y croire. Sinon tout s'effondre... *(En aparté à l'assistante)* Trouvez une loge à cette vieille folle pour qu'elle reprenne ses esprits, en attendant qu'on ait un emploi à lui proposer. Parce que tant qu'on n'a pas le texte de la pièce...

**Assistante** – Eh oui, le monde est un gigantesque casting. Les comédiens se pressent à l'accueil pour passer l'audition. Les plus chanceux décrocheront un premier rôle. D'autres des rôles secondaires. Mais la majorité ne feront que de la figuration...

**Directeur** – Encore faudrait-il qu'on ait le scénario du film.

**Assistante** – Je croyais que c'était une pièce de théâtre ?

**Directeur** – Un film, une pièce de théâtre... Mais c'est une métaphore ! C'est une pièce symboliste, non ? Pas une comédie de boulevard... Enfin, je crois...

**Assistante** – Ma chère Madeleine, si vous voulez bien me suivre...

**Actrice** – Madeleine ? Mais je ne m'appelle pas Madeleine !

**Assistante** – Ici, on vous appellera Madeleine...

*L'assistante sort avec l'actrice.*

**Directeur** – C'est curieux, il me semble avoir aperçu un chat tout à l'heure... Pourtant les animaux sont strictement interdits dans cet établissement. *(Il s'adresse au public)* Vous savez que dans l'Égypte ancienne... Oui, je crois qu'on a dû vous le dire, n'est-ce pas ? D'ailleurs, à ce propos... Si l'un d'entre vous a le texte de la pièce... Non...? Quelqu'un qui serait déjà venu hier, peut-être ? Non, bien sûr... Il ne faut pas exagérer, non plus... Enfin, si ça vous revient, n'hésitez pas, hein...? *(Pour lui-même)* On n'avait déjà plus droit à un souffleur, si maintenant il n'y a plus d'auteur pour écrire la pièce... Bon, où j'en étais moi... Ah oui, à ce moment-là, je sors... Enfin, je crois... Je sors... Oui, mais je sors côté cour ou côté jardin...?

*Il sort.*

*L'auteur arrive avec un appareil ressemblant à un détecteur de métaux. Il balaie consciencieusement le sol. L'actrice arrive derrière lui, avec un détecteur similaire, et se livre au même exercice avec autant de sérieux. L'auteur ne semble pas étonné de voir l'actrice et l'ignore. Elle l'ignore également. Ils poursuivent leurs recherches quelques instants, sans résultats apparents, avant de se retrouver face à face.*

**Actrice** – Ah, pardon, je ne vous avais pas vu...

**Auteur** – Mais je vous en prie.

*Il se résignent à faire une pause.*

**Actrice** – Vous cherchez quelque chose en particulier ?

**Auteur** – J'ai perdu la Foi. Et vous ?

**Actrice** – J'ai perdu mon chat.

**Auteur** – Ah oui...

**Actrice** – Et vous l'avez retrouvé ?

**Auteur** – Votre chat ?

**Actrice** – La Foi !

**Auteur** – Non, malheureusement.

**Actrice** – Ah...

**Auteur** – J'ai trouvé une chaussette.

**Actrice** – Une chaussette...?

**Auteur** – Une chaussette trouée.

**Actrice** – C'est mieux que rien.

**Auteur** – Si jamais vous trouvez la deuxième.

**Actrice** – La deuxième...?

**Auteur** – La deuxième chaussette !

**Actrice** – Ah, oui...

*Un temps.*

**Auteur** – Vous avez déjà trouvé quelque chose qui en vaille la peine, un jour ?

**Actrice** – Une paire de ciseaux, il y a une semaine.

**Auteur** – Ah, oui. Qu'est-ce qu'on peut bien faire avec une paire de ciseaux...?

**Actrice** – Je me suis coupé la barbe. Et vous ?

**Auteur** – J'ai trouvé une pièce, tout à l'heure.

**Actrice** – Une pièce ? Vous voulez dire... une pièce de théâtre ?

**Auteur** – Une pièce de monnaie !

**Actrice** – Ah, oui... Non parce que je suis actrice et... je cherche un rôle, justement.

**Auteur** – Pas avec un détecteur de métaux, j'imagine...

**Actrice** – Allez savoir... Si c'est un rôle en or !

*Sourires un peu forcés.*

**Auteur** – Donc, vous n'avez jamais trouvé de trésor, vous non plus.

**Actrice** – Non. Et vous ?

**Auteur** – À part cette pièce...

**Actrice** – Elle a dû s'échapper du bas de laine.

**Auteur** – Un bas de laine...?

**Actrice** – La chaussette ! Comme elle était trouée...

*Un temps.*

**Auteur** – Parfois je me demande si ça vaut le coup de persévérer.

**Actrice** – Qu'est-ce que vous voulez...? On n'a pas le choix. Il faut bien continuer à y croire, sinon...

**Auteur** – Sinon on aurait un peu l'impression de s'être fait avoir en achetant ces appareils à la con.

**Actrice** – À part quelques illuminés, aucun croyant ne verra jamais Dieu de son vivant, et pourtant tout le monde espère encore le rencontrer après sa mort.

**Auteur** – Vous avez raison... Il faut garder la Foi.

**Actrice** – Et quand on l'a perdue, il faut essayer de la retrouver.

**Auteur** – D'ailleurs je vais m'y remettre.

**Actrice** – Vous avez déjà regardé côté cour ?

**Auteur** – Côté jardin aussi.

**Actrice** – Allons vérifier quand même on ne sait jamais...

*Ils se remettent à prospecter, jusqu'à sortir en coulisses.*

*L'assistante revient. Elle éternue.*

**Assistante** – Je suis sûre qu'il y a un chat dans les parages... Je n'arrête pas d'éternuer depuis tout à l'heure...

*Elle sort.*

*Le directeur revient et, ne voyant personne, semble hésiter.*

**Directeur** – Oups... Je crois que je suis rentré trop tôt... Ou trop tard... Excusez-moi...

*Il ressort.*

*L'auteur et l'actrice reviennent.*

**Auteur** – Je crois que c'est mon jour de chance. J'ai trouvé une bague.

**Actrice** – Faites voir... Ah oui... Elle est en or ?

**Auteur** – On dirait.

**Actrice** – C'est peut-être une alliance.

**Auteur** – Une alliance ?

**Actrice** – Ça y ressemble.

**Auteur** – En tout cas, ce n'est pas la vôtre, vous en avez déjà une au doigt.

**Actrice** – C'est peut-être la vôtre.

**Auteur** – Vous croyez ?

**Actrice** – Vous vous ne portez pas d'alliance.

**Auteur** – C'est vrai.

*Un temps.*

**Actrice** – Vous ne seriez pas mon mari, par hasard ?

**Auteur** – Par hasard ?

**Actrice** – Dans ce cas, ça voudrait dire que vous n'êtes pas veuf, et que je ne suis pas morte...

**Auteur** – Allez savoir...

**Actrice** – Ou qu'on est morts tous les deux.

**Auteur** – Oui...

**Actrice** – Vous vous appelez comment ?

**Auteur** – Je ne sais pas.

**Actrice** – Vous avez une carte d'identité ?

**Auteur** – J'ai une carte de visite.

*Il lui tend.*

**Actrice** *(lisant)* – Dieu...

**Auteur** – Si vous êtes ma femme, ça ferait de vous une déesse ?

**Actrice** – Ça en revanche, ça ne m'étonnerait qu'à moitié...

*Elle lui prend le bras. Il est un peu étonné. Ils sortent bras dessus bras dessous..*

*Le directeur revient. Il se retourne pour, suppose-t-on, voir sortir le couple précédent. L'assistante arrive à son tour.*

**Directeur** – Ah, je vous cherchais, justement...

**Assistante** – C'était qui, ces deux-là ?

**Directeur** – Je ne sais pas, mais eux, apparement, ils se sont trouvés.

**Assistante** – Leurs têtes me disent vaguement quelque chose... Ils avaient l'air un peu louches, non ?

**Directeur** – Qu'est-ce qui vous fait dire cela ?

**Assistante** – Ils avaient des têtes d'assassins.

**Directeur** – Vous savez... certains assassins ont des têtes d'anges.

**Assistante** – Oui, mais il y a aussi des assassins qui ont des têtes d'assassins...

**Directeur** – Je préfère penser qu'ils n'avaient pas l'emploi de leur physique.

**Assistante** – Bien sûr...

**Directeur** – Il y a des comédiens de seconds rôles à qui on fait jouer toute leur vie des tueurs en série parce qu'ils ont des têtes de psychopathes. Pourtant ils sont parfaitement sains d'esprit et n'ont jamais tué personne de leur vie.

**Assistante** – Comme quoi, avoir une gueule d'assassin, ça aide parfois à trouver un emploi.

**Directeur** – On va dire qu'ils avaient juste une sale gueule. Quand on ne sait pas, et qu'on a le choix, il vaut toujours mieux choisir l'hypothèse la plus rassurante.

**Assistante** – Vous avez raison. Puisqu'on n'y peut rien... Pourquoi voir le mal partout ?

**Directeur** – C'est pour ça que nous avons inventé Dieu, n'est-ce pas ? Et que nous préférons croire que notre créateur est animé de bonnes intentions à notre égard.

**Assistante** – Alors que Dieu est peut-être un dangereux psychopathe.

**Directeur** – Ça ne nous protège de rien, mais tant que tout va bien, nous pouvons toujours prier pour que ça dure.

**Assistante** – En remerciant Dieu de ne pas nous infliger toutes les souffrances dont il accable au quotidien la plus grande partie de l'Humanité.

**Directeur** – Et si par malchance il nous tombe un jour une tuile sur la tête, nous pouvons toujours remercier Dieu que ce ne soit pas un parpaing.

**Assistante** – On se rassure comme on peut... Les enfants ont bien un doudou ou un ami imaginaire.

**Directeur** – Encore faut-il ne pas le perdre.

**Assistante** – À propos, comment va notre auteur ?

**Directeur** – Il a fini de lire la Bible. Un peu en diagonale, j'en ai peur. J'ai l'impression que ça lui tombe un peu des mains.

**Assistante** – C'est un gros pavé, en effet.

**Directeur** – Je lui en ai asséné quelques coups sur la tête pour que ça rentre mieux, mais il ne se souvient toujours de rien. Et ça n'a pas l'air de l'inspirer beaucoup.

**Assistante** – Je me suis toujours dit que si Dieu pouvait lire la Bible, il ne trouverait probablement ça très ennuyeux...

**Directeur** – En tout cas, ça ne lui a pas rendu la Foi...

**Assistante** – Et quand Dieu ne croit plus en lui-même...

**Directeur** – Quand le créateur ne croit plus en sa création...

**Assistante** – Quand l'auteur a perdu l'inspiration...

**Directeur** – Quand les acteurs n'ont pas le texte de la pièce...

**Assistante** – Quand les spectateurs se mettent à regarder leur montre.

**Directeur** – Et que certains commencent même à s'endormir.

**Assistante** – On est au bord du gouffre !

**Directeur** – Notre monde dans son ensemble ne repose-t-il pas sur la croyance ?

**Assistante** – Prenez les billets de banque. Vous allez dans un magasin, vous remplissez votre caddy, et à la sortie vous donnez quelques bouts de papier supposés valoir autant que tout ce que vous avez pris.

**Directeur** – On appelle ça la monnaie fiduciaire.

**Assistante** – Parce que sa valeur repose sur la Foi.

**Directeur** – La certitude, pour celui qui reçoit ces billets en échange de ses marchandises, qu'il pourra à nouveau les échanger contre d'autres objets d'une valeur équivalente.

**Assistante** – La croissance économique aussi est générée par la confiance.

**Directeur** – On achète parce qu'on espère obtenir de son patron une augmentation, et on obtient une augmentation parce la machine économique est dopée par nos achats, que le chômage est au plus bas et que la main d'œuvre se fait rare.

**Assistante** – On appelle ça les prophéties auto-réalisatrices.

**Directeur** – Pareil pour la Bourse. On achète des actions parce qu'on pense que le cours va monter... Et parce qu'on les achète, on fait monter les cours.

**Assistante** – Autant dire que lorsque les gens ont le moral dans les chaussettes, la croissance et la Bourse sont en berne.

**Directeur** – Surtout quand les chaussettes sont trouées.

**Assistante** – Tout le système repose sur la Foi.

**Directeur** – Il suffirait qu'à un moment donné quelqu'un n'y croit plus pour que la chaîne soit rompue et que le système tout entier s'écroule.

**Assistante** – Pour le mariage, c'est la même chose.

**Directeur** – C'est un contrat de confiance.

**Assistante** – Vous échangez vos vœux devant deux témoins.

**Directeur** – Vous prononcez un simple oui.

**Assistante** – Et vous voilà condamnés à la mono-gamie pour le restant de vos jours.

**Directeur** – Mais les hommes et les femmes, c'est comme les chaussettes. Pas facile de les maintenir en couple après plusieurs lavages.

**Assistante** – Pourtant on garde toujours l'espoir que la chaussette qui a disparu finira par réapparaître un jour.

**Directeur** – On garde la Foi. On continue à faire tourner la machine avec des chaussettes orphelines.

**Assistante** – Jusqu'au jour où on se résout à porter des chaussettes dépareillées.

**Directeur** – Pour finalement racheter une autre paire de chaussettes... en espérant que cette fois-ci elles resteront en couple pour la vie.

**Assistante** – La vie est une pièce de théâtre. Si un seul des personnages n'y croit plus et refuse de jouer son rôle...

**Directeur** – Si le metteur en scène dénonce l'absurdité de la pièce.

**Assistante** – Pire encore, si l'auteur lui-même a perdu la Foi.

**Directeur** – Au point d'avoir oublié d'écrire le texte.

**Assistante** – Tout s'effondre.

**Directeur** – Ses personnages se mettent à errer comme des âmes en peine... et le public n'y croit plus.

**Assistante** – La preuve de l'auteur, ce sont ses œuvres.

**Directeur** – Comme la preuve du Père Noël, ce sont les cadeaux qu'il nous apporte.

**Assistante** – Tant que tout le monde y croit, ça va...

**Directeur** – Mais Dieu, lui, ne nous fait pas de cadeaux.

**Assistante** – En tout cas, il n'en fait pas à tout le monde.

**Directeur** – Dieu, c'est le Père Noël sans les cadeaux. Pourtant on continue à le vénérer, de peur qu'il ne vienne nous confisquer les quelques présents qu'on a déjà reçus indûment d'un Père Noël qui n'existe pas.

**Assistante** – Mais si les gens perdent la Foi...

**Directeur** – Si un jour le Messie revenait sur Terre pour nous annoncer que Dieu le Père n'existe pas.

**Assistante** – Qu'il a lui-même le moral dans les chaussettes, qu'il ne croit plus en rien...

**Directeur** – Et qu'il n'est même pas sûr de savoir encore qui il est.

**Assistante** – À part peut-être le fils d'un des rois-mages.

**Directeur** – Sans savoir exactement lequel.

**Assistante** – Ce serait la fin du monde...

*L'auteur arrive, en short, avec des chaussettes trouées et dépareillée. Ils le fixent du regard.*

**Auteur** – Quoi ? Qu'est-ce qu'il y a...?

**Directeur** *(à l'assistante)* – On ne peut plus tolérer cela davantage...

**Assistante** – C'est évident.

**Directeur** – Allez chercher l'appareil !

**Assistante** – J'y vais...

*Elle sort.*

**Directeur** – Allongez-vous là, mon brave...

**Auteur** – Mais je ne suis pas malade, je vous assure... Je me sens très bien. Je viens même de retrouver ma femme...

**Directeur** – Ça va très bien se passer, vous allez voir...

*L'auteur, inquiet, s'allonge sur le comptoir. L'assistante revient avec l'un des deux détecteurs de métaux, qu'elle tend au directeur. Le directeur passe le détecteur au-dessus du corps allongé de l'auteur, en commençant par les pieds.*

**Assistante** – Alors ?

**Directeur** – Je peux déjà vous dire que ses chaussettes sont dépareillées...

**Assistante** – Ce n'est pas très bon signe... Et après ?

*Le directeur applique le détecteur au niveau de la main de l'auteur.*

**Directeur** – Et qu'il porte une alliance à la main gauche.

**Assistante** – Il vient de nous dire qu'il a retrouvé sa femme.

**Directeur** – Vous pensez qu'il ment ?

**Assistante** – Même s'il se souvient maintenant qu'il est marié, rien ne nous dit qu'il a retrouvé la Foi dans l'institution du mariage.

*Le directeur applique le détecteur au niveau du crâne de l'auteur.*

**Directeur** – Et cet appareil, pourtant très sensible, ne détecte aucune trace de la moindre valeur morale ou vérité éternelle dans ce cerveau malade.

**Assistante** – En même temps, le métier d'un auteur, c'est d'inventer des histoires...

**Directeur** – Difficile de trier le vrai du faux dans un crâne pareil...

**Assistante** – Ce qu'il a inventé est peut-être encore le plus vrai de tout ce qu'il a dans la cervelle...

**Directeur** – Ah, je crois que j'ai entendu biper...

**Assistante** *(à l'auteur)* – Ouvrez la bouche... *(Il ouvre la bouche et elle se penche pour regarder à l'intérieur)* C'est une dent en or...

**Directeur** – Vous pouvez refermer la bouche, mon vieux.

*L'assistante fait un bond en arrière, en se tenant le nez.*

**Assistante** – Vous auriez pu me prévenir ! Il a failli me couper le nez...

**Directeur** – Désolé, je...

**Assistante** – Qu'est-ce qu'on en fait...?

**Directeur** – On n'a plus le choix... Il faut mettre hors d'état de nuire cet élément subversif, qui foule au pied toutes nos valeurs et qui démoralise les pensionnaires de cette noble institution.

**Assistante** – Vous croyez ?

**Directeur** – Ne bougez pas d'ici mon vieux...

*Le directeur et l'assistante sortent. L'auteur se relève.*

**Auteur** *(au public)* – Je serais l'auteur, à ce qu'il paraît. Vous le croyez, ça ? Enfin, l'auteur... Le personnage de l'auteur, dans la pièce. Parce que l'auteur, le vrai... Vous pensez bien qu'il n'est pas là. Est-ce qu'il existe au moins ? En tout cas, personne ne l'a jamais vu ici. Alors c'est moi qu'on a choisi pour le rôle. Mais cette pièce, je ne la connais pas ! Il faudrait que je donne un semblant de direction à cette histoire sans queue ni tête. Que je souffle les répliques aux uns et aux autres. Et comme j'en suis incapable... ils m'en veulent ! Eh, je n'ai rien demandé, moi ! Pourquoi, entre tous les hommes, c'est moi qu'on a choisi pour être Dieu ? Il n'existe pas, Dieu ! Enfin si mais... c'est nous qui l'avons inventé. Pour nous rassurer. Pour donner un peu de sens à cette absurdité. Et ce n'est pas gagné... Parce qu'en vérité, l'Homme reste enfermé dans cette enveloppe de chair qui est son refuge et sa prison. Il ne peut apercevoir l'Univers qu'à travers les fentes de ce sarcophage spatio-temporel, enfoui au bout d'un labyrinthe au plus profond d'une pyramide sans ouverture. Cette vision limitée du monde l'a conduit à imaginer des religions à sa mesure, posant la question naïve de l'origine, du début, d'une création ex nihilo, d'un créateur et donc d'un dieu. Cherchant une réponse simple à un problème qui le dépasse, l'Homme préfère en rester à la seule question qu'il peut concevoir mais qui n'a aucun sens – qui a créé ce qui a toujours été là ? – plutôt que d'accepter avec lucidité que la partie ne pourra jamais comprendre le tout. L'Homme veut expliquer l'origine et la finalité de l'Univers à travers ses propres limites, celles du début et de la fin de son existence singulière, en oubliant que la vie et la mort en général se succèdent en un cycle perpétuel. Si l'éternité n'a pas de fin, comment pourrait-elle avoir un début ? Si rien ne se créée et tout se transforme, comment le tout pourrait-il procéder du rien ? Dans l'espoir illusoire de comprendre le monde, l'Homme le redessine à son image. Mais l'Homme ne pourra jamais comprendre le monde. C'est le monde qui le comprend. Dieu n'a pas créé l'Univers. C'est l'Homme qui a créé ce mythe pour donner un sens à sa vie. Il s'y accroche comme un naufragé à une planche de salut. Mais quand la création sombre dans l'océan du non-sens, le créateur se noie avec elle.

*L'actrice revient, portant toujours sa valise.*

**Actrice** – Jésus ! C'est toi ?

**Auteur** – Jésus ?

**Actrice** – Quand on s'est rencontrés, tu t'appelais Jésus, tu ne te souviens pas ?

**Auteur** – Non.

**Actrice** – Ça m'est revenu tout d'un coup. Il faut dire qu'à l'époque, tu portais la barbe, comme moi...

**Auteur** – Quoi qu'il en soit, il faut absolument m'aider. Je crois que ces gens-là veulent attenter à ma vie...

**Actrice** – T'aider ? Mais comment ?

**Auteur** – En me faisant sortir d'ici au plus vite !

**Actrice** – Malheureusement, quand on est là, on n'en sort plus. Ou alors les pieds devant.

**Auteur** – Mais où est-ce qu'on est, au juste ?

**Actrice** – Les avis divergent un peu là-dessus. Mais la plupart des gens raisonnables s'accordent à considérer que c'est un asile de fous.

**Auteur** – Et vous êtes pensionnaire, vous aussi ?

**Actrice** – Pour l'instant, je suis seulement en visite.

**Auteur** – Il doit bien y avoir un moyen de s'échapper...

**Actrice** – Hélas, ils ont des yeux partout. À part dans ma valise, je ne vois pas...

*L'auteur regarde la valise.*

**Auteur** – Pour entrer là-dedans, il faudrait être contorsionniste...

**Actrice** – Ou alors être un chat. D'ailleurs dans l'Égypte ancienne...

**Auteur** – Oui, je sais, c'est moi qui suis supposé avoir écrit la pièce.. Mais les voilà, il ne faut pas rester là, Madeleine...

*Elle sort.*

*Le directeur, toujours en soutane, et l'assistante, en militaire, avec un pansement sur le nez, reviennent en affichant un air grave.*

**Directeur** – Hélas, après en avoir longuement débattu...

**Auteur** – Vous êtes partis il y a cinq minutes à peine !

**Assistante** – Nous sommes convenus qu'il n'était pas possible de vous laisser semer le doute dans l'esprit des fidèles de notre sainte congrégation.

**Directeur** – Car s'il n'y a que la Foi qui sauve, c'est donc que le doute peut tous nous précipiter dans l'abîme du non-sens au bord duquel nous nous efforçons de survivre en nous accrochant à quelques certitudes élémentaires.

**Assistante** – Comme la valeur du travail et celle de l'argent.

**Directeur** – Le taux de croissance et le cours du Nasdaq.

**Assistante** – Le moral des ménages et le mariage monogame.

**Directeur** – Le moral des troupes et les frontières reconnues par l'ONU.

**Assistante** – Toutes ces valeurs que vous piétinez sans vergogne...

**Directeur** – Alors que nous fondions de si grands espoirs en vous.

**Assistante** – Quoi qu'il en soit, il faut bien un bouc émissaire, et votre sort est scellé.

**Auteur** – Mon sort ?

**Directeur** – Nous avons rendu notre jugement, avec exécution immédiate. Il faut vous résoudre au sacrifice suprême.

**Assistante** – Mais nous ne sommes pas des monstres. On organisera une petite cérémonie pour que tout ça ait un peu de gueule.

**Directeur** – Et après votre mort, on célébrera votre mémoire tous les dimanches, c'est promis.

**Assistante** – Tous les dimanches, c'est-à-dire tous les jours. Puisqu'ici, c'est tous les jours dimanche.

**Directeur** – Je dirais même que c'est tous les jours Noël.

**Assistante** – On vous érigera une statue. On organisera des pèlerinages.

**Directeur** – Vous pourrez même faire un petit miracle de temps en temps si ça vous chante.

**Assistante** – Et bien sûr, vous avez le droit de vous confesser avant de rendre votre âme à... À votre successeur.

*Le directeur se met d'un côté du comptoir et l'auteur de l'autre. L'assistante repart après avoir claqué des talons.*

**Directeur** – C'est le moment d'avouer vos fautes et d'expier vos péchés. Je vous écoute. Cela soulagera votre conscience, vous verrez.

**Auteur** – Le doute m'habite, je l'avoue.

**Directeur** – Il m'arrive moi-même de douter, vous savez. Mais moi, je ne suis pas Dieu... Et puis ne dit-on pas que la Foi déplace des montagnes ?

**Auteur** – La Foi déplace les montagnes... mais elle les remplace par des pyramides.

**Directeur** – Des pyramides ? Je ne connais que celles d'Égypte, et le Sphinx qui les garde. Le sphinx, vous savez ? Ce gros félin qui a perdu son nez. D'ailleurs, vous avez bien failli couper celui de mon assistante tout à l'heure...

**Auteur** – Je parle de ce système pyramidal utilisé par les plus grands escrocs de la finance pour détrousser leurs victimes. L'escroc promet des rémunérations mirobolantes, et empoche les fonds des investisseurs les plus naïfs, en servant les intérêts des premiers déposants avec les dépôts de ses nouvelles victimes.

**Directeur** – Et... ça marche ?

**Auteur** – À merveille ! Tant que tout le monde y croit et que le nombre des investisseurs augmente de façon exponentielle. Bref tant que la pyramide élargit assez vite sa base pour servir les intérêts de ceux qui sont tout en haut. Le système s'effondre quand le doute s'installe et que les nouveaux fonds ne rentrent plus en quantité suffisante.

**Directeur** – Et donc la pyramide s'écroule...

**Auteur** – La religion est basée sur ce même principe, mais comme personne ne reviendra jamais de l'au-delà pour dire que le paradis et l'enfer n'existent que sur Terre, et qu'il n'y a pas plus de Dieu au Ciel qu'ici-bas, tant qu'il y a des gens pour y croire, l'escroquerie perdure à l'infini. Et les escrocs ne sont jamais démasqués.

**Directeur** – Vous comparez donc notre Pape à un escroc ?

**Auteur** – C'est le plus grand escroc de tous les temps ! Regardez toutes les richesses accumulées au Vatican !

**Directeur** – Alors pourquoi les gens continuent-ils de croire en Dieu ?

**Auteur** – Des milliardaires diplômés des plus grandes universités acceptent de confier leur fortune à un escroc, leur promettant des rendements miraculeux, dans l'espoir d'amasser quelques millions de plus dont ils n'ont absolument pas besoin. Comment les damnés de la Terre n'auraient-ils pas envie de croire aux fables de ceux qui leur promettent le paradis après leur mort, pour les dissuader de réclamer sur Terre ne serait-ce que de quoi vivre ? Car bien sûr, nombreux sont les exploiteurs qui ont intérêt à faire perdurer ce système parce qu'ils en profitent.

**Directeur** – Mais c'est monstrueux...

**Auteur** – Vous ne croyez pas si bien dire... Quand on a créé un monstre, il finit toujours par échapper à son créateur, et à tout dévorer... jusqu'à ceux qui l'ont créé. À un moment donné, le système fonctionne tout seul, s'impose à tous, et conduit l'ensemble de la planète à sa perte.

**Directeur** – Mais comment arrêter cette machine infernale...?

**Auteur** – Tout mettre en doute est déjà un acte de rébellion salutaire. Pour que demain les pyramides nous servent de tremplins vers les étoiles plutôt que de tombeaux sans fenêtres.

*L'assistante arrive.*

**Assistante** – Ça y est ? Il a avoué ?

**Directeur** – C'est-à-dire que... Le doute m'habite, moi aussi...

**Assistante** – Je vois qu'il vous a contaminé... Appliquons la sentence sans tarder, avant que la démoralisation s'empare de nous tous !

**Auteur** – Et pour quel motif suis-je condamné ?

**Assistante** – Pour athéisme !

**Auteur** – Mais si vous dites que je suis Dieu...

**Assistante** – C'est bien ce qui aggrave votre cas.

**Directeur** – Vous ne croyez plus en vous-même !

**Assistante** – Nous avions remis notre sort entre vos mains, et vous avez encore une fois trahi notre confiance !

**Directeur** – Et puis c'est vrai que d'un autre côté... la première religion du monde est fondée sur un déicide, n'est-ce pas ?

**Assistante** – Nous avons inventé les dieux pour combler ce vide qui nous entoure au-delà de nos murs intérieurs. Dans l'espoir d'apercevoir quelque chose dans les interstices, de l'autre côté de cette frontière avec le néant. Et vous nous dites aujourd'hui qu'il n'y a rien ? Aucun autre au-delà que le revers de la médaille ?

**Directeur** – Que Dieu joue à pile ou face ?

**Assistante** – Que l'univers s'engendre lui-même en un cycle sans fin et sans finalité, visant seulement à réaliser l'infinité des possibles ?

**Directeur** – Le meilleur des mondes comme le pire...

**Auteur** – En effet, les dieux comme les auteurs s'accomplissent en explorant l'ensemble de leurs potentialités.

**Assistante** – C'est pourquoi quand ils sont à court d'imagination, ils doivent disparaître pour laisser place à d'autres, qui pourront explorer d'autres réalités.

**Directeur** – Eh bien vous voyez ? C'est pour la bonne cause ! Reconnaissez quand même que vous étiez au bout du rouleau, non ?

**Assistante** – Retournez dans votre cellule, maintenant. Tenez, voilà la clef. Et n'oubliez pas de refermer derrière vous.

*L'auteur sort.*

**Directeur** – Vous n'avez pas peur qu'il s'évade ?

**Assistante** – Où voulez-vous qu'il aille ?

**Directeur** – C'est vrai...

**Assistante** – On l'exécutera demain matin à l'aube.

**Directeur** – Pourquoi pas maintenant ?

**Assistante** – Je ne sais pas. Les exécutions, c'est toujours à l'aube, non ?

**Directeur** – Vous avez raison... Il vaut mieux respecter la tradition. On sera quel jour, demain ?

**Assistante** – Dimanche.

**Directeur** – On s'emmerde tellement, le dimanche. Une petite exécution, ça distraira un peu nos pensionnaires.

**Assistante** – Dans ce cas, allons prendre un peu de repos. Demain, il faudra lui trouver un remplaçant.

**Directeur** – Et pourquoi pas un chat...?

**Assistante** – Un chat ?

**Directeur** – Vous savez que dans l'Égypte ancienne les chats étaient considérés comme des animaux sacrés ?

**Assistante** – Et les pharaons eux-mêmes vénéraient une déesse à tête de félin.

**Directeur** – Et puis au moins les chats, eux, sont déjà convaincus d'être des dieux.

**Assistante** – Pas comme cet auteur dégénéré qui se met à douter de lui-même.

**Directeur** – Vous connaissez cette blague ? C'est un chien et un chat qui se présentent devant Saint Pierre pour entrer au paradis. Le chien confesse ses péchés, jure qu'il se repend et implore le pardon. Saint Pierre se tourne alors vers le chat pour le laisser plaider sa cause. Le chat regarde Saint Pierre, assis sur son trône, et lui lance d'un air hautain : T'es assis à ma place.

**Assistante** – C'est vrai que les félins ont quelques prédispositions à la divinité...

**Directeur** – Le lion n'est-il pas le roi de la jungle. Alors qu'il vit dans la savane...

**Assistante** – Malheureusement, je suis allergique aux poils de chat.

**Directeur** – On choisira un chat sans poil !

**Assistante** – Un chat sans poil ?

**Directeur** – Ça s'appelle un sphinx. Ils sont originaire du Mexique.

**Assistante** – Ce qui nous ramène aux pyramides... et à ce gros chat qui s'est fait bouffer le nez.

*L'actrice revient avec un masque de chat. Elle porte sa valise.*

**Actrice** – Le petit chat est mort... Mais il est ressuscité...

*Ils la regardent, perplexes.*

**Actrice** *(en aparté à la valise)* – Ça va, tu n'es pas trop à l'étroit là-dedans !

**Directeur** – Va pour un chat...

*L'actrice sort. Ils sortent à sa suite. Un temps. L'actrice revient avec sa valise.*

**Actrice** – Je te l'avais dit. Une fois qu'on est là, on n'en sort jamais.

*Elle pose la valise par terre et en sort une nappe dont elle recouvre le comptoir devenu autel. Le pan apparent de la nappe donne à voir un œil d'Horus. Elle sort de la valise une statuette égyptienne de chat divinisé qu'elle pose sur la nappe au centre de l'autel. Elle retourne le tableau qui la représente maintenant elle-même avec son masque de chat, sur fond de pyramides. Elle sort avec la valise. Le directeur et l'assistante, en pharaon et pharaonne, reviennent et se placent de part et d'autre du comptoir. Ils se tournent vers le public.*

**Directeur** – Allez, on y croit !

**Assistante** – On garde la Foi !

*Ils s'agenouillent les mains jointes dans une attitude de recueillement. Musique sacrée. Miaulements de chats.*

*Noir.*

**Fin.**

Ce texte est protégé par les lois
relatives au droit de propriété intellectuelle.
Toute contrefaçon est passible d'une condamnation
allant jusqu'à 300 000 euros et 3 ans de prison.




La Comédiathèque
Avril 2024

www.ingramcontent.com/pod-product-compliance
Lightning Source LLC
LaVergne TN
LVHW050622200726
843508LV00010B/1970